지구의 먹거리를 책임지는 작은 영웅 벌 이야기

사라지는 벌을 지켜라!

글 메리-엘렌 윌콕스 | 옮김 현혜진 | 감수 김태우

초록개구리

더불어 사는 지구는 우리가 세계 여러 나라 사람들과 함께 이 지구에서 더불어 잘 살기 위해 생각해 보아야 할 환경과 생태, 그리고 평화 등의 주제를 다루는 시리즈입니다.

What's the Buzz? : Keeping bees in flight
Text copyright © 2015 Merrie-Ellen Wilcox
First published in Canada and the USA in 2015 by Orca Book Publishers Ltd.
All rights reserved.
Korean translation copyright © 2017 Green Frog Publishing Co.
Korean translation rights arranged with Orca Book Publishers Ltd. c/o
the Transatlantic Literary Agency Inc. through Orange Agency.

이 책의 한국어판 저작권은 오렌지에이전시를 통해 저작권사와 독점 계약한 초록개구리에 있습니다.
저작권법에 의해 한국 내에서 보호를 받는 저작물이므로 무단 전재와 복제를 금합니다.

 **차례**

들어가는 말 |
꿀벌과 함께 살아가는 법 • 6

1장 벌이 궁금해!

벌의 종류는 엄청 많아 • 10
털북숭이 꿀벌, 매끈한 말벌 • 11
알에서 어른 벌이 되기까지 • 13
모여 사는 벌, 혼자 사는 벌 • 14
어디에 집을 지을까? • 15
아무리 멀어도 기억할 수 있어 • 16
통통하고 화려한 뒤영벌 • 18
달콤함에 빠져든 사람들 • 20

2장 벌도 좋고, 식물도 좋고!

꽃가루를 나르다 • 24
벌도 좋고, 식물도 좋고! • 25
꽃가루를 옮기는 데는 벌이 최고 • 26
세계의 농작물을 책임지다 • 27
꿀벌을 대신해 농부를 돕는 친구들 • 29
물고기도 벌의 도움을 받는다고? • 33

3장 벌은 집짓기 선수

사람들의 오랜 친구, 꿀벌 • 36
이것이 꿀벌의 한살이 • 36
일, 일, 또 일 • 38
로열 젤리는 여왕벌에게 • 39
새 집을 찾아 출발! • 41
댄스, 댄스, 댄스! • 43
양봉가는 무슨 일을 할까? • 45
감기엔 꿀이 최고 • 47

4장 벌이 위험에 빠졌다!

빠르게 사라지는 꿀벌 • 50
야생벌은 더 힘들어 • 53
이젠 우리가 도울 차례 • 54
벌을 도와주려면 이렇게! • 57

사진 저작권 목록 • 64

 들어가는 말

꿀벌과 함께 살아가는 법

몇 년 전 어느 여름날 아침, 나는 생애 처음으로 벌통을 샀다. 내게 벌통을 판 양봉가는 벌통을 내 자동차 뒷자리에 싣기 전에 벌이 드나드는 벌통 입구를 틀어막았다. 벌통을 싣고 가까이에 있는 우리 집으로 향하는데, 아침 일찍 꽃가루와 꽃꿀을 구하러 집을 나갔다가 그제야 돌아온 꿀벌들이 벌통으로 들어가겠다고 난리였다. 나는 절로 웃음이 나왔다. 벌통 안에 안전하게 모셔 둔 수천 마리 외에도 엄청 많은 벌들이 차를 에워싸고 날아다녔으니까!

양봉가와 나는 우리 집 정원의 양지 바른 곳으로 벌통을 옮기고는 틀어막았던 입구를 열었다. 양봉가는 나에게 양봉가들이 쓰는 얼굴 가리개와 손 보호용 가죽 장갑, 벌통 안의 밀랍을

◀ 이 책을 쓴 메리-엘렌 윌콕스가 벌통 옆에 앉아 있다.

긁어낼 때 사용하는 끌개를 건넸다. 그러고 나서 벌통 맨 위에 있는 뚜껑을 열더니, 양봉에 대해 하나하나 알려 주었다.

그 뒤로는 나 혼자서 벌 치는 일을 다 했다. 처음에는 실수도 많이 하고 여러 번 벌에 쏘이기도 했지만, 어느새 벌통이 6개로 늘었다. 그러는 동안 배운 것도 무척 많았다. 꿀벌은 물론이고 지구에 사는 수많은 야생벌에 대해 알게 되었고, 우리가 벌한테 얼마나 많은 것을 얻고 있는지도 배웠다. 또한 인간의 행동이 벌에게 어떤 해를 끼치는지, 벌이 살아남는 데 우리의 도움이 얼마나 필요한지도 깨달았다.

이 책은 여러분을 분주한 벌의 세계로 안내할 것이다. 얼굴 가리개나 장갑 따위는 필요 없다. 그냥 나만 따라오시길!

꿀벌이 붕붕

나는 캐나다 동부 온타리오 주에서 자랐는데, 초여름이면 늘 클로버 꿀을 먹었다. 이 꿀은 색깔이 연하고 투명한 데다 맛도 담백했다. 가을에는 메밀 꿀을 먹었다. 메밀 꿀은 맛이 아주 진했는데, 특히 추수 감사절에 먹는 호박 파이와 찰떡궁합이었다! 좀 더 자라 여행을 다니면서 나는 생산지마다 꿀의 색깔이나 맛이 다르다는 사실을 알게 되었다. 지역마다 꽃의 종류가 천차만별인데, 꿀벌이 어떤 꽃에서 꽃꿀을 얻느냐에 따라 꿀의 색깔과 맛이 달라지기 때문이다.

▲ 미국 포틀랜드에 있는 한 학교에서 양봉을 배우는 어린이.

1장
벌이 궁금해!

벌의 종류는 어마어마하게 많다. 조류와 포유류의 종을 모두 합친 것보다 많을 정도이다. 이 장에서는 전 세계에 얼마나 다양한 벌이 살고 있는지, 벌은 어떤 특징을 지니는지 살펴보자.

벌의 종류는 엄청 많아

사람들은 흔히 윙윙대고 검은색과 노란색 줄무늬가 있으면 다 벌이라고 생각한다. 그리고 벌은 모두 침을 쏜다고 생각한다. 하지만 벌 중에는 침을 쏘는 벌도 있고, 침을 쏘지 않는 벌도 있다.

지금까지 세상에 알려진 벌만 해도 자그마치 2만 종에 이른다. 이것은 조류와 포유류의 종을 몽땅 합친 것보다 많다.

벌은 남극 대륙을 제외한 모든 대륙에 산다. 지역마다 그곳에만 사는 특별한 벌이 있기 마련인데, 이들을 '토종벌'이라 부른다. 아주 넓은 지역에 걸쳐 사는 벌이 있는가 하면, 섬처럼 작은 지역에서만 사는 벌도 있다. 북아메리카 대륙에만 약 4,000종의 토종벌이 살고 있다. 여러분이 사는 지역에도 수많은 종류의 벌이 살고 있을 것이다.

겉보기에도 벌은 종류가 다양하다. 어떤 벌은 길이

이거 알아?

북아메리카, 유럽, 아시아의 극지방은 벌이 살기 힘든 지역이다. 벌은 식물에서 먹이를 얻는데, 극지방에서는 식물이 자랄 수 있는 따뜻한 여름은 짧고 겨울이 길기 때문이다. 그런 극지방에서도 드물게 뒤영벌이 산다. 뒤영벌은 하루 종일 햇빛이 비치는 여름이 되면 밤낮으로 열심히 일한다.

▲ 벌은 모양이나 크기가 다양하다. 왼쪽부터 꽃벌, 가위벌, 어리호박벌.

가 2밀리미터밖에 안 돼 돋보기로 봐야만 볼 수 있다. 그에 비해 세계에서 가장 큰 벌은 몸길이가 4센티미터, 날개 길이가 6센티미터를 넘을 정도로 크다.

몸 색깔도 검은색부터 빨간색, 초록색, 파란색까지 다양하다. 줄무늬가 있는 벌도 있고, 움직이거나 빛을 받으면 마치 보석처럼 색깔이 달라 보이는 벌도 있다.

털북숭이 꿀벌, 매끈한 말벌

꽃을 피우는 식물이 지구에 아주 많았던 약 1억 년 전, 꿀벌은 말벌에서 진화했다. 육식 동물인 말벌은 꿀벌을 비롯한 다른 곤충을 사냥해서 애벌레에게 먹인다. 이와 달리 꿀벌은 채식 동물이라 애벌레에게 식물의 꽃가루와 꽃꿀을 먹인다.

▲ 꿀벌을 사냥하는 말벌. 말벌은 죽은 꿀벌을 둥지로 가져가 애벌레에게 먹인다.

먹이가 다른 만큼 꿀벌과 말벌은 신체 구조도 다르다.

예를 들어 꿀벌 몸에는 솜털이 나 있는데, 이것은 꽃가루를 잘 달라붙게 해 둥지까지 옮기는 데 도움을 준다. 솜털 때문에 꿀벌은 털북숭이처럼 보이기도 한다. 꿀벌과 달리 말벌은 대개 몸이 매끈한 편이다.

꿀벌 암컷인 일벌은 뒷다리에 길고 뻣뻣한 털로 된 움푹한 꽃가루 바구니가 있다. 이것은 몸에 붙은 꽃가루를 모아 다져서 옮길 때 이용한다. 또 대롱처럼 생긴 긴 혀는 꽃꿀을 빨아들일 때 쓴다.

꿀벌과 말벌에게는 겉으로 보이지 않는 중요한 차이점도 있다. 꿀벌의 침은 끝이 갈고리같이 생겨서, 침을 쏘면 침 끝에 살이 걸려 침 주머니가 배에서 몽땅 떨어져 나온다. 침 주머니가 배에서 떨어지면 곧바로 죽기 때문에 꿀벌은 자기 몸이나 벌집을 지켜야 할 때가 아니면 침을 쏘지 않는다.

하지만 말벌은 침이 매끈하게 생겨서 침을 쏘더라도 살에 걸리지 않아 침 주머니가 떨어져 나오지 않는다. 그래서 말벌은 침을 여러 번 쏠 수 있다.

꿀벌이나 말벌에 쏘였을 때 과민 반응이 있는 사람은 꿀벌과 말벌의 이러한 차이를 알아 두면 쓸모가 있다. 생김새를 보고 주의하면 되니까 말이다.

알에서 어른 벌이 되기까지

모든 곤충과 마찬가지로 벌의 몸은 머리, 가슴, 배 세 부분으로 나뉜다. 머리에는 5개의 눈(커다란 겹눈 2개와 홑눈 3개)과 매우 예민한 더듬이 2개를 비롯해 꽃꿀을 모을 때 쓰는 기다란 혀, 먹이를 씹을 때 사용하는 강한 턱이 있다.
가운데 부분인 가슴에는 6개의 다리와 날개 한 쌍이 달려 있다. 배 속에는 벌집을 만드는 데 쓰는 밀랍을 만들어 몸 밖으로 내보내는 밀랍샘이 있다. 침을 쏘는 벌은 배 끝에 뾰족한 침이 있다.

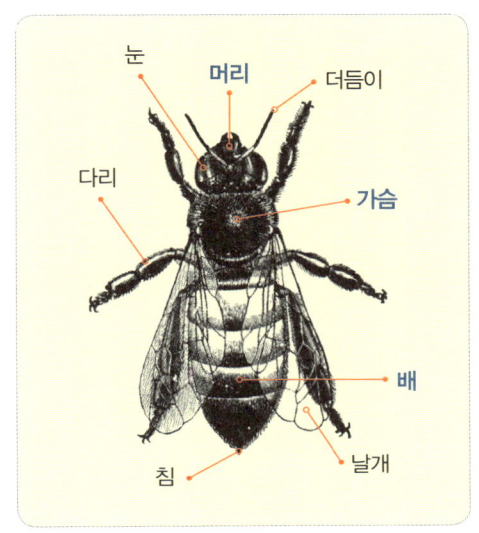

▼ 벌집 안에 있는 꿀벌의 애벌레.

또한 벌은 다른 곤충처럼 '탈바꿈'이라고 불리는 한살이 과정을 거친다. 자그마한 알에서 구더기처럼 생긴 애벌레가 나오고, 그 애벌레는 벌집에서 먹이를 먹고 자란다. 그런 다음 애벌레는 실을 토해 내어 고치를 짓고 그 속에서 번데기가 된다. 번데기 상태에서 벌의 모든 기관이 점차 형태를 갖춘 뒤, 드디어 고치에서 어른 벌이 나온다.

모여 사는 벌, 혼자 사는 벌

벌은 종류에 따라 수만 마리가 무리 지어 살기도 하고, 암컷 1마리가 애벌레 몇 마리를 데리고 단출하게 살기도 한다.

꿀벌은 수천 마리에서 수만 마리가 모여 사는데, 함께 살면서 벌집을 만들고 먹이를 구하고 애벌레 돌보는 일을 나누어 한다.

하지만 뜻밖에도 암컷 1마리가 혼자 애벌레를 돌보며 살아가는 벌의 종류는 꽤 많다. 어리호박벌과 가위벌이 대표적이다. 이런 벌은 암컷 벌이 직접 둥지를 만들고 애벌레에게 먹이를 가져다준다. 혼자 사는 벌 중에도 둥지를 다른 벌과 같은 장소에 무리 지어 만드는 벌이 있는데, 그래도 각각의 둥지에는 암컷 1마리와 애벌레만 산다. 한 번에 알을 몇 개밖에 안 낳는 암컷 벌도 있고, 수십 개씩 낳는 암컷 벌도 있다.

▲ 암컷 벌 한 마리가 둥지에서 밖을 내다보고 있다.

▲ 어리호박벌은 나무 구멍 안에 집을 짓는다.

어디에 집을 지을까?

혼자 사는 벌이든 무리 지어 사는 벌이든, 벌집의 형태는 저마다 다르다.

예를 들어 애꽃벌은 땅에 굴을 파고 집을 짓는다. 어떤 벌은 모래땅에, 어떤 벌은 진흙에 굴을 파고 집을 짓는다. 가볍고 부드러운 흙 속에 집을 짓는 벌이 있는가 하면, 단단하게 다져진 땅을 파고 집을 짓는 벌도 있다. 평평한 땅보다는 오히려 경사진 강둑이나 절벽에 집을 짓는 벌도 있다. 벌은 집에 습기가 스며들지 않도록 배 부분에서 분비되는 밀랍으로 벌집의 틈을 메운다.

이거 알아?

'뻐꾸기 벌'이라고도 하는 알락꽃벌은 뻐꾸기가 다른 새의 둥지에 알을 낳듯 다른 벌집에 알을 낳는다. 그래서 자신의 벌집을 짓거나 애벌레에게 먹이를 주는 일에 신경 쓸 필요가 없다.

벌 중에는 나무에 딱정벌레 같은 곤충이 만들어 놓은 작은 구멍이나 나무줄기, 속 빈 나무처럼 자연적으로 생긴 공간이나 구멍에 집을 짓는 벌도 있다.

가위벌은 돌담 틈, 흙벽이나 나무에 난 구멍 속에 직접 자른 나뭇잎을 가져가 골무 모양의 방을 만든다. 그런 다음 나뭇잎을 동그랗게 잘라 뚜껑으로 덮는다. 어떤 가위벌은 진흙, 조약돌, 모래, 송진이나 씹은 나뭇잎 따위를 가져다가 칸을 나누어 방을 만든다. 특이하게 뱀의 허물에 집을 짓는 가위벌도 있다!

뒤영벌은 버려진 쥐의 굴이나 속 빈 통나무, 키 큰 풀줄기, 심지어 사람이 사는 집이나 건물에 난 구멍 같은 곳을 찾아다닌다. 그리고 특정 나무의 껍질이나 동물의 솜털을 모은 다음, 그것을 씹어서 천처럼 만들어 칸막이 방을 만든다.

어리호박벌은 나무나 식물 줄기에 구멍을 판 다음 나뭇조각이나 식물 조각을 가져다가 칸막이 방을 만든다.

▲ 뒤영벌은 40분 넘도록 꽃가루나 꽃꿀을 먹지 못하면, 힘이 바닥나 날지 못한다.

아무리 멀어도 기억할 수 있어

벌의 뇌는 무척 작다. 예를 들어 꿀벌의 뇌는 참깨 크기만 하고, 신경 세포의 수도 100만 개 정도밖에 안 된다. 인간의 뇌에는 1,000억 개의 신경 세포가 있는데 말이다! 하지만 뇌가 작

▲ 먹이를 찾으러 나간 벌은 몇 킬로미터나 떨어져 있는 벌집으로 돌아오는 길을 기억해야 한다.

아도 벌은 굉장히 영리하다! 벌이 먹이인 꽃꿀과 꽃가루를 구하려면 꽃을 찾아 길을 떠나야 한다. 어떤 벌은 벌집 근처에서만 돌아다니지만, 꿀벌은 몇 킬로미터 떨어진 곳까지 돌아다닌다. 그렇다면 벌은 집으로 돌아오는 길을 어떻게 아는 걸까?

먼저, 벌은 벌집 주변에 있는 나뭇가지처럼 눈에 잘 띄는 것을 외운다. 이때 벌집 앞에서 8자 모양을 그리며 비행을 한다. 벌은 점차 벌집에서 더 높은 곳으로 날아오르면서 좀 더 큰 모양을 그리는데, 이때 나무처럼 더 큰 것을 외운다. 벌이 한창 꽃꿀을 모으러 돌아다니는 봄이나 여름이 되면 벌집 앞에서 벌들이 이런 행동을 하는 걸 자주 볼 수 있다. 양봉가들은 이것을 '기억 비행'이라고 부른다.

다음으로, 벌은 벌집 입구를 중심으로 태양의 위치를 알아둔다. 벌은 태양이 구름에 가려져 있을 때에도 구름을 뚫고 나오는 자외선을 느낄 수 있기 때문에, 태양을 나침반 삼아 길을 찾는다.

통통하고 화려한 뒤영벌

'벌'이라고 하면 많은 사람들이 뒤영벌을 떠올린다. 여러분도 이 통통하고 화려한 털북숭이 벌이 봄과 여름에 꽃밭에서 윙윙거리며 날아다니는 모습을 본 적이 있을 것이다.

뒤영벌은 전 세계에 250여 종 있는데, 사막이나 열대림부터 북극, 고산 지대 꼭대기에 이르기까지 세계 곳곳에서 뒤영벌을 찾

꿀벌이 붕붕

첫 번째 벌통을 마련한 뒤, 나는 우리 집 정원에 있는 꿀벌뿐만 아니라 세상에 있는 벌에 대해 많은 걸 알아 갔다. 벌의 종류가 어찌나 많은지, 나는 깜짝 놀랐다. 특히 오렌지색 엉덩이를 가진 작은 뒤영벌은 내 맘에 쏙 들었다. 나는 정원 구석에 작은 덤불 더미를 쌓고, 톱밥이나 나무껍질로 덮어 두는 대신 흙이 조금 드러나게 놔두었다. 토종벌이 집을 지을 수 있도록 말이다. 그 밖에도 뒤영벌을 위해 벌통을 2개나 놔두었지만, 아직까지 그걸 사용한 벌은 한 마리도 없다.

▲ 벌은 예로부터 사람들에게 꿀을 제공해 왔다. 꿀을 채취하기 전에 꿀판에 덮여 있는 밀랍을 긁어내는 어린이.

아볼 수 있다.

뒤영벌은 꿀벌의 한 종류이지만 보통 꿀벌과는 생태가 많이 다르다. 뒤영벌과 꿀벌은 모두 무리를 지어 생활하고, 여왕벌, 일벌, 수벌이 무리 속에서 서로 다른 일을 한다. 하지만 보통 꿀벌 무리에서 여왕벌이 알을 낳는 일만 하는 데 비해, 뒤영벌 무리에서 여왕벌은 하는 일이 훨씬 많다. 꿀벌 무리와 달리 뒤영벌 무리에서는 늦여름이 되면 여왕벌을 빼고는 모두 죽는다. 여왕벌은 혼자 살아남아 봄에 새 집을 찾은 뒤, 알을 낳고, 애벌레를 돌본다.

이거 알아?

1980년대 미국에서 가장 오래된 벌 화석이 발견되었다. 벌은 호박이라는 광물질 조각 속에 박혀 있었다. 이 벌은 나이가 8,300만 살이 넘는다! 이것은 2,300만 년 전 마지막 공룡이 살았을 때도 벌이 있었다는 뜻이다.

달콤함에 빠져든 사람들

우리가 즐겨 먹는 꿀은 꿀벌이 만든다. 그런데 전 세계에 꿀벌은 11종밖에 없다. 북아메리카나 남아메리카에는 토종 꿀벌이 없어, 주로 유럽과 북아프리카의 토종 꿀벌을 들여와 꿀을 생산한다.

유럽 사람들이 사탕수수로 만드는 설탕을 먹은 지는 겨우 700년밖에 되지 않았다. 그 전까지는 단맛을 내는 재료가 꿀뿐이었다. 그래서 많은 사람들이 자기 집 정원에 벌집을 만들어 직접 꿀을 얻었다. 유럽 사람들은 처음 북아메리카로 이주할 때, 배에 벌집도 함께 싣고 갔다. 그래서 많은 사람들은 1638년 무렵에 유럽에서 건너온 이주자들이 북아메리카에 꿀을 처음 소개했다고 생각

꿀벌이 붕붕

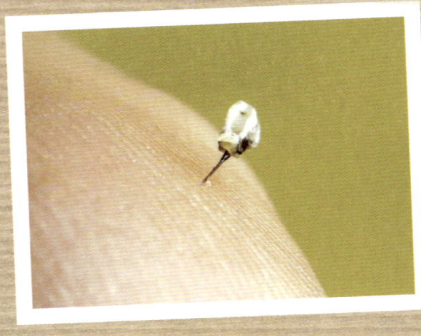

내가 첫 번째 벌통을 마련했을 때, 벌통을 판 양봉가는 벌침에 쏘이면 어떤 느낌인지를 나에게 알려 주려고 했다. 양봉가는 내 손에 벌 한 마리를 올려놓고 일부러 쏘게 했다. 나는 겁이 났지만, 침은 거의 아프지 않았다. 양봉가는 내 손바닥에서 벌침을 잡아 빼는 대신 긁어냈다. 침을 세게 잡아 빼면 잘못해서 침에 붙어 있는 독주머니를 눌러, 오히려 더 많은 독이 몸 안으로 들어갈 수 있기 때문이다. 침을 뺄 때는 피부와 나란하게 하여 옆으로 살살 긁어내면서 없애야 한다. 하지만 나는 아직도 겁이 나서 벌을 칠 때면 꼭 얼굴 가리개를 하고 장갑을 낀다.

▼ 프랑스 사람들은 오래전부터 벌에게서 꿀을 얻었다.
꿀을 얻기 위해 해바라기 들판에 놓아둔 벌통.

한다. 하지만 그보다 훨씬 전인 800~900년에 아일랜드인이나 바이킹족 유랑민이 북아메리카로 이주하면서 벌을 함께 들여왔다고 주장하는 사람들도 있다.

양봉가들이 '꼬마꿀벌'이라고 부르는 벌도 꿀을 만든다. 이 벌은 침이 퇴화되어 쏘지 못하는 벌인데, 꿀벌과 마찬가지로 꽃꿀을 꿀로 바꾸어 벌집 속에 저장한다. '꼬마꿀벌'은 열대 지방, 특히 중앙아메리카와 남아메리카에 산다. 중앙아메리카 원주민은 속 빈 통나무나 진흙에다 만든 전통 벌집 속에 이 벌을 키운다. 아메리카 대륙을 발견한 탐험가 크리스토퍼 콜럼버스가 쿠바에 갔을 때, 원주민으로부터 이 벌에서 채취한 꿀을 선물 받았다고 한다.

아시아에서도 오래전부터 꿀벌을 길렀다는 기록이 있다. 가장 오래된 기록은 중국에 남아 있는데, 그에 따르면 중국에서는 지금으로부터 2,200년 전 즈음에 이미 꿀벌을 길렀다. 한국은 2,000년 전 고구려 시대에 중국으로부터 양봉 기술을 전해 받아 처음 벌을 쳐 꿀을 얻었다. 백제 시대에는 일본으로 양봉 기술을 전해 주기도 했다.

2장
벌도 좋고, 식물도 좋고!

벌은 식물이 열매를 맺는 데 중요한 일을 한다. 먹이를 얻으러 꽃을 찾아다니면서 꽃가루를 이 꽃 저 꽃으로 옮기기 때문이다. 이러한 벌의 행동 덕분에 식물과 식물을 먹고 사는 동물이 살아갈 수 있다. 이 장에서는 벌이 하는 일을 알아보자.

꽃가루를 나르다

벌은 식물이 살아남는 데 매우 중요한 일을 한다. 바로 꽃가루받이이다. 꽃을 피우는 거의 모든 식물은 암수 생식 기관을 함께 가지고 있다. 수컷 생식 기관인 수술에서는 꽃가루가 만들어지는데, 꽃가루는 식물의 유전 정보가 들어 있는 미세한 가루이다. 어느 식물의 수술에 있던 꽃가루가 같은 종인 식물의 암컷 생식 기관인 암술로 옮겨지면, 그 식물에 씨앗과 열매가 생긴다. 이렇게 수술의 꽃가루가 암술머리에 옮겨 붙는 일을 '꽃가루받이'라고 한다.

동물과 달리 식물은 한자리에서 꼼짝도 할 수 없기 때문에, 무언가가 꽃가루를 이 식물에서 저 식물로 옮겨 주어야 한다. 바람의 도움을 받아 꽃가루를 옮기는 식물도 있지만, 대부분의 식물은 꽃가루를 옮길 때 동물의 힘을 빌린다. 파리나 딱정벌레, 나비, 나

▲ 먹이를 구하러 꽃을 찾았다가 노란 꽃가루를 잔뜩 뒤집어쓴 벌.

방, 벌새, 박쥐는 말할 것도 없고, 여우원숭이까지도 꽃가루를 옮겨 준다. 그렇지만 이 일을 하는 최고의 동물은 뭐니 뭐니 해도 벌이다.

벌도 좋고, 식물도 좋고!

벌처럼 식물의 꽃가루받이를 도와주는 동물을 '꽃가루 매개체'라고 부른다. 하지만 꽃가루 매개체가 일부러 꽃가루받이를 도우려고 식물을 찾아가는 건 아니다. 꽃가루 매개체가 식물을 찾는 이유는 따로 있다.

꽃가루 매개체는 자신과 새끼의 먹이를 구하러 식물을 찾는다. 식물의 꽃가루는 단백질을 비롯해 그 동물에게 필요한 영양분을

▼ 이른 봄날 애벌레에게 먹일 먹이를 찾아다니는 뒤영벌.

이거 알아?

모기는 말라리아, 지카 바이러스, 뎅기열, 일본 뇌염 등 온갖 바이러스 질병을 옮기기도 하지만, 카카오 같은 열대 작물의 꽃가루받이를 돕기도 한다. 그래서 일부 과학자들은 질병을 막기 위해 모기를 모조리 없애면 카카오를 원료로 하는 초콜릿을 못 먹게 될 수도 있다고 경고한다.

제공하기 때문이다. 또한 식물에 있는 꽃꿀은 꽃가루 매개체를 끌어들이는 달콤한 액체로, 꽃가루 매개체는 꽃꿀을 먹고 에너지를 얻는다.

꽃가루 매개체 중에는 짝을 꾀어내려고 꽃을 찾아가는 동물도 있다. 꽃에서 나오는 기름을 모아 방향 물질을 만들면 짝을 꾀어내는 데 도움이 되기 때문이다.

꽃을 찾는 이유가 무엇이든, 꽃가루 매개체가 꽃에 날아들면 몸에 꽃가루가 묻는다. 꽃가루를 묻힌 채 꽃가루 매개체가 다른 꽃을 찾아가면, 그때 꽃가루 일부가 암술머리에 떨어지면서 꽃가루받이가 이루어진다.

꽃가루를 옮기는 데는 벌이 최고

벌이 훌륭한 꽃가루 매개체인 이유는 뭘까?

대부분의 벌은 새끼에게 먹이기 위해 열심히 꽃가루를 챙겨 집으로 가지고 간다. 그런데 벌은 먹이를 찾을 때 딱 한 종류의 식물만 찾아다닌다. 다시 말해 벌은 한번 먹이를 찾으러 나가면 같은 종류의 꽃만 여기저기 찾아다니며 꽃가루를 옮긴다. 벌은 한번 민들레꽃을 찾아가면 계속 민들레꽃만 찾는다. 웬만해서는 민들레꽃에서 데이지꽃으로 이동하지 않는다. 그래서 민들레꽃의 꽃가루받이를 도울 수 있다.

다음으로, 벌은 대부분 몸에 털이 있어서 꽃가루를 옮기는 데 이롭다. 특히 뒷다리에 있는 길고 뻣뻣한 털은 꽃가루를 모을 때 도움을 준다. 꽃가루는 끈적거리거나 기름져서 벌의 털에 쉽게 달라붙는다.

그 밖에도 꽃가루는 음전하를 띠는 반면, 벌은 날아다니는 동안 그 반대 전하인 양전하를 띤다. 양전하와 음전하는 자석처럼 서로를 끌어당기므로 벌이 날아다닐 때 꽃가루가 쉽게 떨어지지 않는다.

꽃에 앉아 있는 벌을 보면 몸에 노란 가루를 뒤집어쓰고 있는데, 그것이 바로 꽃가루이다. 벌은 지금 중요한 일을 하고 있는 것이다.

세계의 농작물을 책임지다

우리는 과일이나 채소, 견과류, 씨앗을 비롯해 수많은 음식을 식물로부터 얻는다. 그런 식물의 꽃가루받이를 돕는 것이 벌이다.

벌이 없으면 우리는 사과나 호박, 아몬드나 해바라기 씨를 먹을 수 없다. 전 세계 농부들이 키우는 농작물 중 꽃가루 매개체가 꽃가루받이를 돕는 작물은 400여 종이나 된다. 실제로 우리가 매일 먹고 마시는 음식의 3분의 1은 꽃가루 매개체가 필요한 식물에서 나온다. 그런데 만약 벌이 그 일

▲ 뒤영벌을 이용한 꽃가루받이로 얻은 토마토.

▲ 미국 캘리포니아에 있는 아몬드 농장에서 꽃가루받이를 하기 위해 벌통을 가져다 두었다.

을 하지 않는다면 어떤 일이 벌어질까?

20세기가 되어서야 사람들은 농업에서 꽃가루 매개체의 역할을 이해하고 그들을 이용해 꽃가루받이하는 방법을 알게 되었다. 그 뒤로 지금까지 사람들이 돌보는 이동식 벌통에서 사는 벌은 꿀벌과 몇몇 꼬마꿀벌뿐이다. 작은 가족 농장이 좀 더 큰 농장으로 변하고, 또 큰 농장이 산업형 대규모 농장으로 바뀌면서, 농부들은 농작물의 꽃가루받이를 위해서 이동식 벌통을 가진 양봉업자에게 돈을 주고 벌통을 농장으로 가져오게 했다.

오늘날 수많은 벌통이 대형 트럭에 실려 이곳저곳으로 옮겨진다. 벌통은 때때로 수천 킬로미터를 이동하기도 한다. 이렇게 이동한 벌은 사과, 아몬드, 블루베리를 비롯해 수많은 농작물의 꽃가루받이를 돕는다.

> **이거 알아?**
>
> 일벌은 1초에 400번 이상 날개를 파닥거린다. 그래서 벌한테서 윙윙 소리가 나는 것이다. 이 날갯짓으로 벌은 1시간에 30킬로미터 정도를 날 수 있다. 꽃꿀이나 꽃가루를 몸에 잔뜩 싣고서 말이다.

꿀벌을 대신해 농부를 돕는 친구들

오늘날 농작물의 꽃가루받이에 큰 역할을 하는 꿀벌에게 여러 가지 문제가 생겼다. 고약한 해충, 질병, 해충을 제거하기 위해 사용하는 살충제 등 대규모 농업에서 비롯한 부작용으로 수많은 꿀벌이 한꺼번에 사라지고 있다.

그나마 농작물을 꽃가루받이하는 데 쓰이는 벌이 꿀벌만은 아니라 다행이다. 사실 꿀벌보다 꽃가루받이를 더 잘하는 벌도 더러 있다. 벌이 꽃가루받이를 돕는 작물 중 꿀벌이 꽃가루받이를 돕는 작물은 일부분이다. 나머지는 다른 벌이 꽃가루받이를 돕는다. 세계 곳곳에서 농부와 과학자들이 농작물을 꽃가루받이시키기 위해 꿀벌 이외의 벌을 활용하는 방법을 연구해 왔다.

이런 움직임은 1885년부터 시작되었다. 뉴질랜드에는 소나 양의 먹이로 쓰이는 클로버의 꽃가루받이를 도울 토종벌이 없었다. 그래서 영국에서 뒤영벌을 4종 들여왔고, 클로버의 꽃가루받이에 성공했다. 오늘날 뉴질랜드에는 소와 양이 많은데, 뒤영벌 덕분에 모두 클로버를 배불리 먹고 있다!

토종벌이 있는 지역에서는 작물의 꽃가루받이가 훨씬 쉽다. 예를

꿀벌이 붕붕

내가 벌통 안에서 즐겨 보는 것들 중 하나는 꿀벌이 가져온 다양한 색의 꽃가루이다. 꽃가루는 주로 노란색이나 주황색이지만 다른 색깔의 꽃가루를 가진 식물도 있다. 그래서 꽃가루는 옆의 사진처럼 색색의 사탕으로 보이기도 한다.

나를 도와 벌을 키우는 친구는 꽃가루에 대해 연구했다. 어떤 식물에서 어떤 색깔의 꽃가루가 나오는지 알아보기 위해서였다. 그러더니 이제는 봄에 검붉은색 꽃가루를 보면, 그것이 언덕 아래쪽 밤꽃에서 온 것이라는 걸 단번에 알아챈다. 또 에메랄드빛 꽃가루는 튤립에서, 늦여름에 벌이 가져온 검은색 꽃가루는 분홍바늘꽃에서 온 것이라는 사실도 말이다.

▲ 뉴질랜드에서 사는 수천만 마리의 양은 영국에서 들여온 뒤영벌이 클로버의 꽃가루받이를 도와준 덕분에 클로버를 배불리 먹으며 자란다.

들어 미국에서 호박은 토종 작물이기 때문에, 호박의 꽃가루받이를 도와주는 토종벌이 있다. 이 벌을 '호박벌'이라고 부른다. 밭에서 기르는 호박은 대부분 호박벌이 꽃가루받이를 도와주므로 호박을 대규모로 재배하는 농부들은 양봉업자의 도움을 받을 필요가 없다.

미국과 캐나다에서는 농부들이 푸른뿔가위벌을 이용해서 아몬드, 사과, 체리, 배, 자두 같은 작물을

이거 알아?

벌은 대부분 다양한 종류의 식물에서 꽃가루와 꽃꿀을 채취한다. 하지만 어떤 벌은 특정 모양과 색깔을 지닌 꽃에서만 먹이를 구한다.

▲ 아주 자그마한 호박벌 한 마리가 꽃가루받이해 준 꽃에서 이 거대한 호박이 열렸다.

꽃가루받이해 준다. 농부들은 종이로 가는 관을 만들거나 나무나 플라스틱에 구멍을 뚫어 벌집을 만들어 준다. 겨울에는 벌을 나무 상자에 넣어 차갑고 건조한 곳에 둔다.

일본에서는 농부들이 머리뿔가위벌을 이용해 사과를 꽃가루받이시켜 왔다. 지금은 중국을 비롯해 한국과 미국에서도 이 벌을 이용하고 있다.

꿀벌이 붕붕

내가 벌을 치기 시작한 그해 가을 어느 날, 한 남자가 우리 집에 찾아왔다. 그 남자는 탐스러운 사과가 한가득 담긴 종이봉투를 내게 건네면서 찾아온 이유를 들려주었다. 우리 집 근처에 살고 있는 남자는 올해 처음으로 사과를 많이 수확했다며, 이게 다 내가 키우는 벌이 사과꽃의 꽃가루받이를 도와준 덕분이라고 했다. 그래서 감사의 마음으로 사과를 가져왔다는 것이다. 그 사과는 내가 먹어 본 사과 중 가장 맛있었다. 사진은 벌이 사과꽃의 꽃가루받이를 돕는 장면을 찍은 것이다.

물고기도 벌의 도움을 받는다고?

먹거리를 얻기 위해 벌의 도움을 받는 생명체가 사람만은 아니다. 농작물을 비롯해 모든 식물은 살아남기 위해 꽃가루받이를 해야 하는데, 이때 벌이 도움을 준다. 그러니 새, 곰, 다람쥐, 코끼리, 소 등 식물을 주로 먹고 사는 동물도 벌에 기댈 수밖에 없다. 새의 4분의 1 정도가 식물의 씨앗이나 열매를 먹고 사는데, 이런 식물도 벌 같은 꽃가루 매개체의 도움으로 꽃가루받이를 한다. 캐나다와 알래스카 산악 지대에 사는 회색곰이 늦여름에 주로 먹는 먹이도 약 3분의 2가 과일이다! 어쩌면 흙이나 물속에 사는

▼ 늦여름이면 회색곰은 벌이 꽃가루받이를 도와준 과일로 배를 채운다.

미세한 세균부터 덩치 큰 회색곰에 이르기까지, 모든 생명체가 벌에 의존한다고 볼 수도 있다.

심지어 물고기도 벌의 도움을 받는다. 어떤 식물은 물고기를 비롯해 물속에 사는 생물이 살 수 있도록 물을 깨끗하게 유지해 주는데, 이런 식물도 꽃가루 매개체의 도움을 받아야만 생존할 수 있다. 벌 같은 꽃가루 매개체가 없다면 이런 식물이 자랄 수 없고, 그러면 물이 흐려져서 물고기도 건강하게 살 수 없다.

식물과 꽃가루 매개체는 깊은 관련이 있다. 만일 어떤 종류의 식물이 더 이상 자라지 않는다면, 과학자들은 그곳이 그 식물의 꽃가루 매개체가 살기 좋은 환경인지 잘 살펴야 한다.

3장
벌은 집짓기 선수

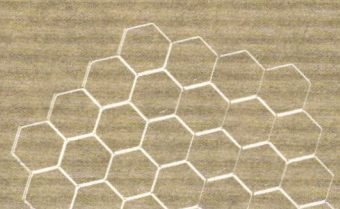

벌집 안에 있는 모든 꿀벌에게는 저마다 맡은 특별한 임무가 있다. 이 장에서는 여왕벌, 수벌, 일벌이 하는 일을 자세히 알아보고, 봄이 되면 새 집을 어떻게 마련하는지 살펴보자.

사람들의 오랜 친구, 꿀벌

꿀벌은 아주 옛날부터 사람들의 사랑을 독차지해 왔다. 야생벌에게서 꿀을 얻었다는 사실을 알 수 있는 맨 처음 기록은 약 9,000년 전에 그려진 스페인의 한 동굴 벽화에 있다. 고대 이집트인은 5,000년 전 즈음부터 벌을 치기 시작했으며, 고대 그리스인은 꿀을 신의 음식이라고 믿었다. 수천 년 전에 아프리카와 중국, 유럽 사람들은 꿀을 발효해 만든 알코올 음료를 마셨다. 남아메리카의 마야와 아스테카 문명에서도 벌과 꿀은 중요한 역할을 했다.

이것이 꿀벌의 한살이

야생 꿀벌은 속이 텅 빈 나무 속에서 산다. 하지만 요즘에는 대부분 양봉업자가 돌보는 벌통에서 산다. 무리 지어 사는 꿀벌은 야생에서든 벌통에서든 무리마다 여왕벌 한 마리에 수

▲ 꿀벌은 언제나 사람들의 마음을 사로잡았다. 그래서 그림책에도 곧잘 등장한다.

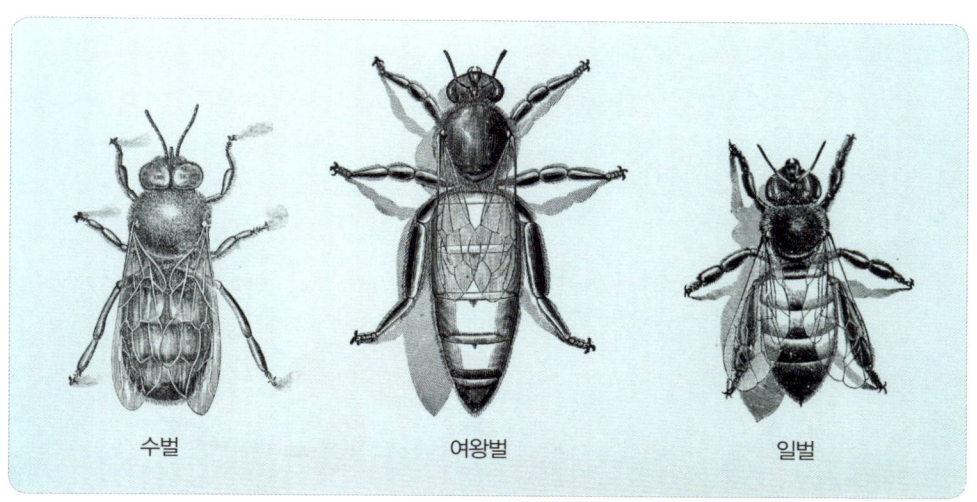

▲ 여왕벌은 수벌이나 일벌보다 몸집이 훨씬 크다. 수벌은 일벌보다 더 통통하고 벌침이 없다.

벌 몇 마리와 수많은 일벌이 함께 산다.

초봄이 되면 여왕벌은 하루에 2,000개 넘는 알을 낳는데, 이는 가을이 될 때까지 계속된다. 그러다 보면 벌통 안의 벌이 빠르게 늘어나, 초여름 즈음 6만 마리에 이른다.

겨울이 되면 일벌은 여왕벌 주변으로 무리를 이루어 여왕벌을 따뜻하게 보호해 준다. 막 어른이 된 일벌은 처음에는 벌집 중심부에 있지만, 새로운 애벌레가 태어나면 바깥쪽으로 밀려난다. 벌집 바깥쪽에 있는 벌은 날개를 움직일 때 쓰는 가슴 근육을 흔들어 열을 낸다. 그러다가 지치거나 몸이 차가워지면 무리 안쪽에 있는 벌과 자리를 바꾼다. 만일 건강하고 먹이도 넉넉하면 여왕벌을 비롯해 꽤 많은 일벌이 봄까지 살아남는다. 봄이 되면 여왕벌은 다시 알을 낳는다.

일, 일, 또 일

벌집 안에 있는 모든 꿀벌에게는 저마다 특별한 임무가 있다. 여왕벌의 임무는 딱 한 가지이지만 무척 중요하다. 여왕벌은 밀랍으로 지은 육각형 벌방마다 알을 1개씩 낳는다. 여왕벌은 5년 정도 사는데, 평생 수백만 개나 되는 알을 낳는다.

수벌의 임무도 딱 한 가지이다. 바로 새로운 여왕벌과 짝짓기를 하는 것이다. 짝짓기 할 때 말고는 꿀을 먹으며 빈둥댄다. 일벌이 쉴 틈 없이 일을 하고 있는 동안에 말이다. 하지만 여름의 끝자락에 접어들면 아직 살아 있는 수벌은 벌집 밖으로 쫓겨난다. 겨울을 나려면 꿀을 충분히 가지고 있어야 하는데, 수벌이 있으면 먹이가 부족해지기 때문이다.

일벌은 벌집에서 그 밖의 모든 일을 도맡아 한다. 신기하게도 일벌의 일은 나이에 따라 결정된다.

일벌은 고치에서 나온 뒤 처음 2일 동안 자기가 태어난 벌방을 깨끗이 치우고 알이나 애벌레, 번데기가 따뜻하게 지내도록 도와준다. 그다음 며칠 동안은 애벌레를 키운다. 약 12일째에 일벌의 배에 있는 특별한 분비샘에서 밀랍이 나오는데, 일벌은 이 밀랍으로 벌집을 짓거나 수리를

▲ 여왕벌의 유일한 일은 벌방마다 1개씩 알을 낳는 것이다. 몇몇 일벌은 늘 가까이에서 여왕벌을 돌본다.

▲ 먹이를 찾아 밖으로 나갔던 일벌들이 다시 벌통으로 들어가고 있다.

한다. 다른 일벌이 가져온 먹이를 나르기도 한다. 18일째가 되면 일벌은 벌집 입구를 지키는 문지기가 된다. 그리고 22일째에 마침내 일벌은 자신과 애벌레의 먹이가 될 꽃가루와 꽃꿀, 물을 얻기 위해 벌집 밖으로 나간다.

일벌은 이렇게 많은 일을 하다가 35~45일째에 죽는다. 이것이 일벌의 짧은 한살이이다!

로열 젤리는 여왕벌에게

여왕벌이 하루에 2,000개씩 알을 낳다 보니 벌집 안의 벌은 빠르게 늘어난다. 그러면 벌들은 무리를 나누기 위해 새로운 여왕벌을 맞을 준비를 한다.

이거 알아?

원래 일벌과 여왕벌은 둘 다 암컷이라 몸속에 알을 낳는 산란관이 있다. 하지만 알일 때부터 특별한 관리를 받은 암컷은 여왕벌이 되고, 평범하게 자란 암컷은 일벌이 된다. 꿀벌은 여왕벌만 알을 낳기 때문에 일벌 몸속에 있던 산란관은 더 이상 쓸모가 없어져 침으로 바뀐다.

우선 일벌은 다른 벌방보다 좀 더 커다랗고 특별한 밀랍 방을 만든다. 이 방은 벌집에서 아래로 길게 늘어진 모양새가 꼭 땅콩 껍질같이 생겼다. 방을 만들고 나면 일벌은 여왕벌이 낳은 알 1개를 그 방에 둔다. 방 안은 로열 젤리, 꽃꿀, 꽃가루를 비롯해 여러 가지 먹이로 가득하다. 로열 젤리는 일벌의 머릿속 분비샘에서 나오는 젖 빛깔의 영양분인데, 알에서 깨어나 새로운 여왕벌이 이 방에서 나올 때까지 일벌은 계속해서 로열 젤리를 가져다준다.

새 여왕벌이 밀랍 방에서 나온 지 며칠이 지나면 짝짓기 비행을 한다. 여왕벌이 비행을 하면 수벌들이 여왕벌을 쫓아와 짝짓기를 한다. 여왕벌은 여러 번 짝짓기 비행을 하면서 수벌 여러 마리와

꿀벌이 붕붕

어느 봄날 오후, 옆집에 사는 아이가 내 벌들이 자기네 자동차 안으로 들어갔다고 알려 주었다. 벌들이 작은 틈을 통해 차량 덮개 아래 커다란 환기구 속으로 들어간 모양이었다. 나는 다른 양봉가에게 도움을 청했고, 다음 날 그가 벌들을 빨아들일 특별한 진공청소기를 가지고 왔다. 햇볕 때문에 환기구 속이 뜨거워지자 밖으로 나오는 벌도 있었다. 양봉가는 사흘 동안 진공청소기를 몇 번이나 쓴 끝에 여왕벌을 환기구에서 꺼내 새로운 벌집으로 옮기는 데 성공했다. 여왕벌이 나오자, 결국 나머지 벌들도 모두 환기구 밖으로 나왔다.

짝짓기를 한다. 수벌은 짝짓기를 마치고 나면 대부분 금방 죽는다. 짝짓기 비행은 여왕벌이 태어난 첫 해에만 한다. 새 여왕벌은 짝짓기를 할 때 정자를 저장해 놨다가 평생 동안 알을 낳는다.

새 집을 찾아 출발!

새 여왕벌이 밀랍 방에서 자라는 동안, 원래 있던 여왕벌은 새로운 집을 찾아 떠날 준비를 한다.

먼저 정찰 벌이 살기 좋은 곳을 찾아보는데, 보통 속이 빈 나무나 굴뚝 같은 구멍이 알맞다. 정찰 벌은 괜찮아 보이는 장소를 발견하면 주변을 돌아다니면서 구석구석 꼼꼼히 살펴본다. 살 만한 보금자리를 찾으면 여왕벌과 원래 무리의 절반쯤 되는 벌들은 살고 있던 벌집을 떠난다. 이렇게 무리를 나누는 것은 벌이 번식하기 위해 꼭 필요한 일이다.

무리를 나누는 데는 몇 분밖에 걸리지 않는다. 수만 마리에 이르는 벌들이 요란스러운 소리를 내며 하늘을 날아다니는 모습은 정말 멋지다. 이런 벌 떼가 위험할 거라고 생각하는 사람들이 많은데, 사실은 그렇지 않

▲ 살고 있던 벌집을 떠나 새로운 보금자리로 가는 길에 잠시 멈춰 있는 벌 떼.

▲ 여왕벌 한 마리를 몸에 붙여 놓으니 일벌들이 따라 붙었다. '벌 수염'을 뽐내는 양봉가.

다. 벌들은 벌집을 떠나기 전에 배불리 꿀을 먹은 터라 그다지 사납지 않다. 바라는 게 있다면 여왕벌 옆에 머무르는 것뿐이다!

집을 떠난 벌들은 벌집 가까운 곳에 내려앉아 하루 이틀을 보내는데, 그동안 제각기 새 집을 둘러본다. 다 둘러보고 나면 벌들은 새로운 보금자리를 향해 출발한다. 하지만 그 전에 양봉가가 벌 떼를 발견하고 벌통을 마련해 주는 일이 많다.

이거 알아?

유럽에는 '벌에게 알리기'라는 전통이 있다. 양봉가가 죽으면 벌에게 알려야 하는데, 그러지 않으면 키우던 벌도 비실대다 죽는다고 믿었다. 또한 옛날에는 새로운 왕을 알리는 행사 때도 벌에게 알렸다.

댄스, 댄스, 댄스!

꿀벌은 새로운 보금자리를 발견하면 무리에게 어떻게 알릴까? 또 꽃이 어디에 있는지 어떻게 알릴까? 꿀벌은 말이 아니라 춤으로 정보를 나눈다.

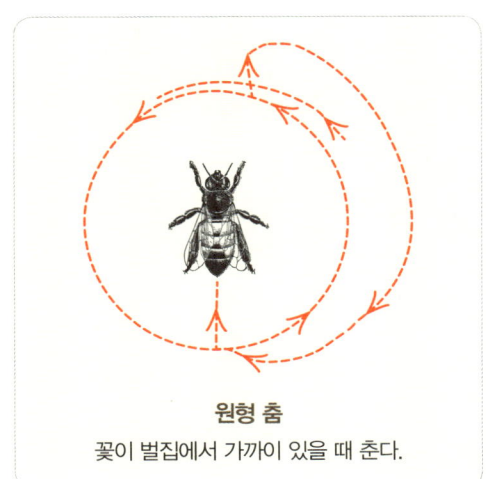

원형 춤
꽃이 벌집에서 가까이 있을 때 춘다.

8자형 춤
꽃이 벌집에서 멀리 떨어져 있을 때 춘다.

먹이를 구하러 나간 꿀벌은 꽃꿀이나 꽃가루를 얻을 꽃을 찾으면, 벌집으로 다시 돌아와 춤을 춰 다른 벌에게 꽃이 있는 방향과 거리를 알려 준다. 가장 잘 알려진 춤은 원형 춤과 8자형 춤이다. 원형 춤은 꿀벌이 발견한 꽃이 벌집 가까이 있을 때 작은 원을 그리며 빠르게 움직이는 춤이다. 한두 번 돈 다음 방향을 바꾸고, 몇 초마다 멈춰 주변에 모인 다른 벌에게 꽃꿀을 건넨다. 꿀벌이 발견한 꽃이 벌집에서 멀리 떨어져 있다면, 좀 더 복잡한 8자형 춤을 춘다. 몸을 좌우로 흔들고 배도 흔들면서 8자 모양으로 움직인다. 그러면서 꽃이 있는 정확한 방향과 거리를 알려 준다.

그 밖에도 꿀벌은 몸을 흔들거나 특별한 모양으로 움직이면서 다른 벌들과 소통한다.

꿀벌이 붕붕

세계 곳곳에 생활이 어려운 사람들에게 양봉 기술을 알려 주어 그들의 삶을 더 풍요롭게 해 주는 단체가 많다. 어떤 단체는 아프리카 사람들에게 양봉업을 가르쳐 주어, 농작물의 꽃가루받이가 잘되게 하고 꿀과 밀랍으로 소득도 늘어나게 했다. 캐나다의 '인류를 위한 벌통'이라는 단체는 밴쿠버처럼 큰 도시에 살고 있는 가난한 사람들에게 양봉 기술을 전해 주어 돈을 벌 수 있게 한다. 사진은 밴쿠버 주민들이 '인류를 위한 벌통'에서 사용할 양봉 장비를 만들고 있는 모습이다.

양봉가는 무슨 일을 할까?

여러분은 벌에게 왜 양봉가가 필요한지 궁금할 것이다. 이미 벌은 제 할 일을 똑 부러지게 잘하고 있는데 말이다.

사람들은 처음에 자기가 먹을 꿀과 밀랍을 얻으려고 꿀벌을 키웠다. 그러다가 벌통을 대규모로 갖추고 다른 사람들에게 꿀과 밀랍을 파는 사람들이 나타났다. 이들을 양봉 사업가라고 한다. 100년 전 즈음 이러한 양봉 사업가 중에서 벌의 꽃가루받이를 이용해 사업을 하는 사람들이 생겨났다. 이들은 이 농가에서 저 농가로, 이 작물에서 저 작물로 벌통을 실어 나르면서 돈을 벌었다.

하지만 대부분의 양봉가는 그저 취미로 꿀벌을 기른다. 꿀벌을 키워 보면 꿀벌이 얼마나 매력적인 동물인지 알 수 있다! 양봉가는 이 소중한 꼬마 친구에 대해 하나하나 알아 가는 재미로 꿀벌을 친다.

▲ 훈연기를 들고 있는 꼬마 양봉가. 훈연기로 연기를 피우면 벌통에 있는 꿀벌이 안정되어 양봉가가 벌통을 차분히 살펴볼 수 있다.

▲ 꿀벌의 상태를 확인하기 위해 벌통에 있는 수십 개의 꿀판 중 하나를 꺼내 든 어린이.

▲ 한겨울에 양봉가가 벌통 안에 있는 벌들이 잘 있는지 살펴보고 있다.

돈을 벌기 위해 벌을 키우든 취미로 벌을 키우든, 벌 치는 사람들이 하는 일은 비슷하다. 이른 봄이면 벌통을 열어 벌들이 겨울을 잘 이겨 냈는지 살핀다. 어쩌다가 꿀이 동나 있기도 한데, 그럴 때에는 벌에게 꿀이나 설탕을 먹여야 한다. 늦은 봄에는 새로운 무리를 만들러 떠난 벌 떼를 모으고 새 벌통을 마련해 준다. 여름이 되면 벌통에서 꿀을 채취한다. 벌통에 따라 다르지만, 벌통에서 꿀판을 꺼낸 뒤 육각형 벌집에서 꿀을 긁어 걸러 내야 한다. 가을에는 벌들이 겨울 동안 먹을 꿀이 충분한지, 그리고 벌통이 추위와 습기를 잘 견뎌 낼 수 있는지 살펴본다. 겨울이 되면 장비를 깨끗하게 손질하고 필요한 장비는 새로 마련한다.

벌집이 어디에 있느냐에 따라 다르겠지만, 양봉가들은 쥐나 스컹크, 곰처럼 꿀이라면 사족을 못 쓰는 동물로부터 벌집을 보호해야 한다. 양봉가라면 또한 반드시 해야 하는 일이 하나 더 있다. 그것은 해충의 습격을 받거나 질병에 걸린 벌을 치료하는 일이다.

감기엔 꿀이 최고

사람들은 수천 년 동안 벌을 사랑해 왔다. 꿀이나 다른 이로운 물질을 얻을 수 있기 때문이다.

꿀은 단맛을 낼 뿐만 아니라 약으로도 사용된다. 사람들은 오래 전부터 목감기를 비롯한 감기 증세를 가라앉히는 데 꿀을 사용해 왔고, 때때로 상처 치료에도 사용했다.

꿀에는 소독제인 과산화수소가 조금 들어 있다. 또한 꿀은 수분을 끌어당기고 흡수한다. 꿀은 세균이 사는 데 도움이 되는 수분을 모두 흡수함으로써 세균 번식을 막는다. 뉴질랜드의 마누카 꿀은 세균을 죽이는 데 특히 효과가 있기 때문에 상처나 화상 치료에 사용된다.

▲ 뉴질랜드의 마누카 꿀은 상처 치료와 감기에 효과가 좋다.

> **이거 알아?**
>
> 꿀은 천연 방부제이다. 아무리 시간이 지나도 절대 상하지 않는다. 3,000년 넘은 이집트 무덤 속에서 꿀이 발견되었는데 지금도 먹을 수 있었다.

벌은 꿀 말고도 약효가 있는 몇 가지 중요한 물질을 사람들에게 제공한다. 꿀벌이 모은 꽃가루는 알레르기를 치료하는 데 도움을 준다. 프로폴리스는 꿀벌이 나무에서 모은 수액에 자신의 침과 꽃가루를 섞어서 만든 물질인데, 감기를 물리치게 해 준다. 또 최근의 연구 결과에 따르면, 여왕벌이 먹는 로열 젤리를 사람이 먹으면 동맥 혈관에 지방 침전물이 쌓이는 것을 막아 준다고 한다. 심지어 벌침에서 나오는 독까지 관절염 치료나 예방에 쓰이고 있다.

벌집을 만들기 위해 꿀벌이 분비하는 물질인 밀랍도 쓰임새가 다양하다. 밀랍은 수천 년 동안 양초를 만드는 데 사용돼 왔다. 보석을 만들 때와 치료용 연고나 화장품을 만들 때도 사용된다. 오늘날에는 제트 엔진 추진 날개를 비롯해 커다란 금속 제품을 만들 때도 쓰인다.

4장
벌이 위험에 빠졌다!

벌은 식물과 동물, 그리고 사람을 위해 아주 많은 일을 해 왔다. 그런 벌이 여러 이유로 빠르게 사라지고 있다. 이 장에서는 벌이 사라지는 이유를 살펴보고, 우리가 벌을 도울 방법을 알아보자.

빠르게 사라지는 꿀벌

사람들의 삶에 엄청난 도움을 주고 있는 꿀벌이 위기에 놓였다. 세계 곳곳에서 어마어마하게 많은 꿀벌이 죽어 가고 있다. 돈을 벌기 위해 벌을 키우는 사람들 중 많은 이들이 사업을 접고, 취미로 벌을 키우는 사람들도 그만두는 일이 늘어나고 있다.

과학자들은 꿀벌이 사라져 가는 원인이 무엇인지 정확하게 알아내지 못했다. 하지만 꿀벌에게 해를 끼치는 것이 한두 가지가 아니라는 걸 우리는 알고 있다.

수많은 꿀벌이 다양한 작물의 꽃가루받이를 돕기 위해 양봉업자의 트럭에 실려 먼 거리를 이동한다. 자유롭게 밖을 돌아다니던 벌들이 며칠 동안

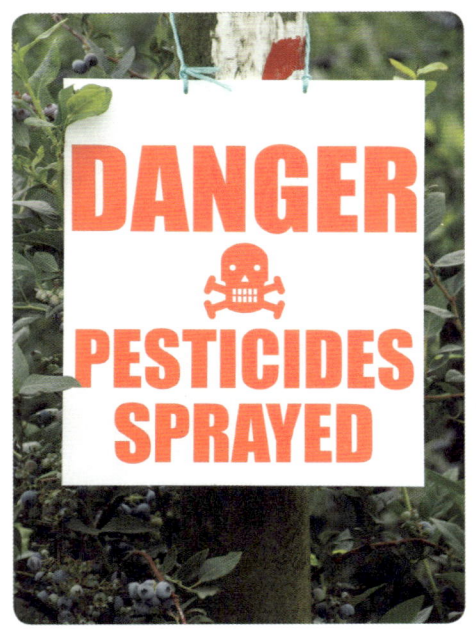

▲ '위험. 살충제 뿌렸음'이라고 써 붙인 푯말. 살충제는 벌뿐 아니라 다른 곤충과 새 등 여러 동물에게 무척 해롭다.

▲ 벌통을 가득 실은 대형 트럭.

벌통 안에 갇혀 옥수수 시럽이나 설탕물을 먹으면 어떨까? 그것만으로도 벌들은 스트레스를 받을 것이다. 게다가 벌들이 농장에 도착한 뒤에도, 막상 먹는 것이라고는 몇 주 동안 딱 한 가지뿐이다! 사과 농장에서는 사과 꽃꿀만, 아몬드 농장에서는 아몬드 꽃꿀만, 블루베리 농장에서는 블루베리 꽃꿀만 먹을 수 있다. 자연에서는 한번은 사과 꽃꿀을, 한번은 아몬드 꽃꿀을, 한번은 블루베리 꽃꿀을 먹는데 말이다.

또 꿀벌이 농작물 사이를 옮겨 다니다 보면 몸에 다양한 독이 묻기 쉽다. 독이란 농작물에 해가 되는 벌레를 죽이는 살충제나 잡초를 제거하는 제초제를 말한다. 이런 화학 물질이 몸에 닿으면 벌들은 바로 죽는다. 벌이 바로 죽지 않더라도 벌집에 있는 꿀과

▲ 미국 플로리다 주에서 사람들이 사라지는 벌을 구하기 위해 살충제 사용을 반대하는 시위를 하고 있다. 세계 곳곳에서 많은 사람들이 살충제 사용을 막기 위해 노력하고 있다.

밀랍에 화학 물질이 서서히 쌓이면서 벌은 병들게 된다. '네오니코티노이드'라는 살충제는 벌에게 특히 해롭다. 이 살충제는 담배 속 니코틴 성분과 비슷한 물질로, 식물을 갉아 먹는 곤충이나 흙 속에 사는 곤충, 동물 몸에 붙어 사는 벼룩을 없애는 데 쓰인다. 또 다양한 작물의 씨앗과 묘목에 퍼져 있는 해충을 죽이는 데 쓰이기도 한다. 유럽 몇몇 지역에서는 이 살충제 사용을 금지하고 있지만, 세계 곳곳에서 여전히 사용되고 있다.

그뿐만 아니라 전 세계의 꿀벌은 각종 기생충과 질병에 시달리고 있다. 가장 흔한 기생충으로는 바로아 응애를 들 수 있다. 바로아 응애는 진드기인데, 게처럼 생겼다. 바로아 응애가 벌에 기생하면 처음에는 벌을 쇠약하게 만들지만, 시간이 지나면서 '날개 변형 바이러스'처럼 치명적인 바이러스를 벌의 피 속에 옮긴다. 이 바이러스가 퍼지면 벌 수십억 마리가 한꺼번에 죽는다.

야생벌은 더 힘들어

위험에 빠진 건 꿀벌만이 아니다. 많은 야생벌도 멸종 위기에 놓여 있다. 꿀벌에게 해를 입히는 몇몇 원인은 당연히 야생벌에게도 피해를 준다. 살충제가 특히 그렇다.

게다가 꿀벌에게는 문제가 안 되지만 야생벌에게는 문제가 되는 것도 있다. 바로 서식지가 사라진다는 점이다. 야생벌은 서식지가 있어야 집을 짓고 먹이를 찾아다닐 수 있다.

요즈음 꿀벌은 대부분 벌통에서 살고, 벌통은 주로 벌이 먹을 수 있는 꽃가루와 꽃꿀이 풍부한 곳에 놓인다. 그래서 꿀벌은 살 곳을 찾는다든가 자신과 애벌레의 먹이를 구할 걱정을 안 해도 된다. 하지만 야생벌은 다르다.

도시와 그 변두리 지역은 대부분 포장도로나 콘크리트, 잔디로 뒤덮여 있다. 콘크리트로 지은 건물도 많다. 이런 곳에 사는 벌은 집을 지을 곳이 마땅치 않다. 그뿐만 아니라 벌의 먹이인 꽃가루와 꽃꿀을 가진 토종 식물

▲ 야생벌은 도시는 물론이고 나무를 많이 베거나 기업형 농장이 들어선 지역에서도 살 곳을 잃고 있다.

도 찾기 힘들다. 야생벌이 먹이를 구하고 집을 지으려면 토종 식물이 반드시 있어야 하는데, 먼 곳에서 온 외래 식물이 토종 식물을 밀어내고 있기 때문이다. 숲속의 나무를 베어 내고 그 자리에 대규모로 작물을 키우는 농장 또한 야생벌의 서식지를 파괴하고 있다.

이젠 우리가 도울 차례

오랫동안 벌은 사람과 사람이 사는 세상을 위해 아주 많은 일을 해 왔다. 우리에게 고맙기만 한 벌이 어느 날부터 사라져 가고 있다. 이제는 우리가 벌을 도와야 한다.

꿀벌이 붕붕

어느 가을, 벌통 2개에 있던 벌들이 모두 죽었다. 바로아 응애 때문에 가뜩이나 비실비실한 꿀벌들이 말벌 떼로부터 공격을 당했기 때문이다. 나는 너무 속상한 나머지 벌을 그만 키우기로 마음먹었다. 그러나 이듬해 봄, 햇빛을 받으며 붕붕 날아다니던 벌이 이제는 한 마리도 없는 텅 빈 벌통을 보고 있자니, 나는 벌이 무척이나 그리웠다. 그 뒤 나는 벌을 다시 구해 왔고, 지금은 벌이 없는 삶은 상상할 수도 없다. 그러니 벌을 키우기 전에 잘 생각해 봐야 한다. 한번 벌을 키우면 헤어 나올 수 없으니까 말이다.

우리는 벌이 지구에서 어떤 역할을 하는지 명확히 깨닫고, 어떤 문제가 있기에 수없이 죽어 가는지 정확하게 알아내야 한다. 그리고 벌이 다시 건강하게 살아갈 수 있는 환경을 만들려면 어떻게 해야 하는지 생각하고 행동에 옮겨야 한다.

우리가 벌에게 얼마나 많은 것을 기대어 살고 있는지 깨달은 사람들은 이미 다양한 방법으로 벌을 지키기 위해 노력하고 있다. 과학자들은 오랫동안 벌을 연구해 왔고, 지금도 수많은 벌들이 죽어 가는 정확한 원인을 밝혀내기 위해 연구를 거듭하고 있다.

미국의 생물학자 그레천 레번은 사라져 가는 벌을 보호하기 위해 '위대한 해바라기 프로젝트'를 진행했다. 이 프로젝트에 지원한 캐나다와 미국의 자원봉사자들은 저마다 자기 집 정원에 해바라기를 심었다. 그런 다음 한 달에 두 번씩 15분 동안 해바라기를 찾아오는 벌의 종류와 수를 확인한 다음, 프로젝트의 웹 사이트에 관찰 내용을 올렸다. 그레천 레번은 이렇게 수집된 자료를 이용해 꽃가루 매개체 지도를 만들었다. 이 지도는 어느 지역에서 벌의 수가 줄어드는지를 판단하는 데 도움이 된다.

세계 곳곳의 대도시에서도 벌을 키우는 사람들이 늘어나고 있다. 프랑스의 수도 파리에는 오페라 하우스와 노트르담 성당, 국회

> **이거 알아?**
>
> 서울시는 2012년 시청 옥상에 벌통 5개를 설치하면서 양봉을 시작했다. 그 뒤에도 서울시가 관리하는 공원과 텃밭 등에 꾸준히 벌통을 설치하고 있다. 시민에게 양봉에 대한 기본적인 이론 외에도 벌통 제작부터 벌꿀 수확까지 구체적인 실천 방법을 알려 주어 도시에서 양봉을 해보도록 북돋는다.

▲ 캐나다 토론토에 있는 로열 요크 호텔은 세계 최초로 옥상에서 벌을 치는 호텔이다.

의사당의 옥상에 벌통이 있다. 중국, 케냐, 미국, 캐나다의 수많은 호텔에도 옥상이나 정원에 벌통이 있다. 캐나다 토론토에 있는 로열 요크 호텔은 세계에서 맨 처음으로 옥상에 토종벌을 위한 '벌 호텔'을 만들었다.

어떤 사람들은 벌에게 필요한 식물이 자랄 수 있도록 풀밭이나 꽃밭을 가꾼다. 어떤 이들은 야생벌이 집을 짓고 겨울을 날 수 있게 그 지역을 일부러 떠나 주고, 어떤 이들은 해로운 살충제를 사용하지 않겠다고 다짐하면서 정부에 유해 물질을 제한하거나 금지해 달라고 요청한다. 어떤 농부들은 농약 같은 화학 물질을 전혀 사용하지 않거나 꼭 필요할 때에만 조금 사용한다. 그리고 벌을 위해 밭 한쪽에 토종 식물을 키우거나 아무것도 심지 않고 비워 두기도 한다.

벌을 도와주려면 이렇게!

세계 곳곳의 아이들도 여러 가지 방법으로 벌을 돕고 있다. 물론 여러분도 참여할 수 있다! 여러분이 어디에 살고 있든 세상을 벌이 살기 좋은 곳으로 만드는 데 도움이 될 방법을 몇 가지 소개한다.

* 눈과 귀를 활짝 열어 두자

봄과 여름에는 어디에 가든 벌이 있나 둘러보고 귀를 기울여 벌의 소리를 들어 보자. 대도시 한가운데라도 꽃과 풀, 나무가 있다면 벌이 있을 가능성이 높다. 식물에게는 벌이 필요하고, 벌에게는 식물이 필요하기 때문이다. 여러분이 벌을 관찰하려고 마음만 먹는다면, 어디서든 벌을 만날 수 있다. '벌의 종류가 이렇게 많다니!' 하며 깜짝 놀랄지도 모른다. 여러분이 가만히 있기만 한다면 벌은 여러분을 두려워하지 않을 것이다. 그러면 벌침에 쏘일 일도 없다.

벌을 발견하면 벌의 몸에 꽃가루가 묻어 있는지 살펴보자. 벌의 몸 곳곳에 노란 가루가 묻어 있을지도 모른다. 만약 꿀벌이나 뒤영벌이라면 뒷다리에 노란색이나 주황색 꽃가루 덩어리가 묻어 있을 수 있다.

땅바닥도 잘 살펴보자. 흙이 거의 없는 곳이라도 말이다. 학교 운동장이나 놀이터에서 낮게 날아다니는 벌을 볼 수도 있다. 어쩌면 야생벌이 살 집을 찾고 있을지도 모른다. 만일 땅에서 작은 구멍을 발견하면, 얼마 동안 가만히 지켜보자. 꽃꿀과 꽃가루를 신고 집으로 돌아오는 벌을 만날 수도 있을 테니까.

✱ 꽃밭을 만들자

여러분이 사는 곳이 대도시이더라도 그곳을 야생벌이 살기 좋은 곳으로 만들 수 있다. 만약 집에 마당이 있다면 한쪽에 꽃밭을 만들자. 마당이 없다면 화분에 꽃을 심어 베란다에 놔두도록 하자. 옥상을 이용할 수 있다면 옥상에 작은 텃밭을 마련해도 좋다. 여

▼ 꽃밭 가꾸기는 야생벌을 도와주는 훌륭한 방법이다.

러분이 사는 지역 단체에서 주말 농장을 연다면 꼭 이용해 보도록 하자.

식물을 심을 땐 토종 식물을 심자. 토종 식물이란 옛날부터 여러분이 사는 곳에서 죽 자라 온 식물을 말하는데, 토종 식물이 토종벌에게 훨씬 쓸모가 있기 때문이다. 토종 식물은 오랫동안 그 지역의 기후를 비롯해 여러 조건에 적응해 왔기 때문에 잘 자란다. 여러분이 사는 지역에서 자라는 토종 식물이 뭔지 궁금하면 인터넷을 검색하거나 도서관에서 자료를 찾아보자.

만약 알맞은 토종 식물을 찾지 못했다면, 많은 벌들이 좋아하는 바질, 해바라기, 코스모스, 라벤더, 민트, 로즈마리, 돌나물 같은 식물을 심어도 좋다. 이런 식물은 꽃집이나 원예용품점에서 쉽게 구할 수 있다.

＊ 살충제를 뿌리지 말자

꽃밭이나 텃밭을 가꿀 때는 부모님께 말씀드려 화학 살충제를 아예 뿌리지 말거나 되도록 적게 사용하자. 혹은 천연 재료로 살충제를 직접 만들어 사용할 수도 있다.

＊ 벌에게 집을 마련해 주자

야생벌에게 집 지을 곳을 마련해 주는 건 어렵지 않다. 흙 위에 아무것도 덮지 않으면 된다. 부모님이 잡초가 못 자라게 하고 흙이 수분을 유지하게 하려고 꽃밭에 톱밥이나 나무껍질을 덮어 놓

▲ 집 마당에 갖가지 크기와 모양의 집을 지어 놓으면 야생벌이 들어가 살 수 있다.

▼ 가까이에 도움을 줄 사람만 있다면 어린이도 충분히 벌을 키울 수 있다.

았다면, 일부분이라도 덮지 말자고 말씀드려 보자. 어쩌면 여러분이 직접 잡초를 뽑아야 할지도 모르지만, 그 대신 벌이 땅속에 집 짓는 과정을 지켜볼 수 있을 것이다.

둥근 관 속에 집을 짓는 벌이라면, 집이라고 해 봤자 나뭇가지 몇 개를 묶은 다발처럼 단순할 수 있다. 이런 벌에게는 종이를 말아 둥근 관을 만들거나, 통나무나 죽은 나무에 구멍을 뚫어 벌집을 만들어 준다. 못 쓰는 화분과 몇 가지 재료만 있으면 뒤영벌의 집도 뚝딱 만들 수 있다. 하지만 벌이 여러분이 만든 집에 들어와 살려면 시간이 한참 걸릴지 모르니, 인내심을 가지고 기다려야 한다.

* 직접 벌을 쳐 보자

벌을 위해 꽃밭을 가꾸는 학교나 지역 공동체도 있다. 벌을 꾀어내고 먹이를 제공하는 데는 꽃밭이 그리 크지 않아도 된다. 돈을 많이 들일 필요도 없다. 처음에는 작게 시작했다가 점점 크게 늘리면 된다.

캐나다에 있는 어떤 학교에서는 교사와 학생들이 직접 벌을 쳐서, 꿀과 밀랍을 마을 사람들에게 팔기도 한다. 만일 여러분 반 친구들이 벌에 대해 좀 더 알고 싶어 한다면, 선생님께 제안해 곤충학자나 양봉가를 교실로 초대할 수 있다. 또 벌집을 보기 위해 현장 학습을 갈 수도 있다.

어린이도 벌을 키울 수 있다. 얼굴 가리개를 쓰고 장갑을 끼면 벌

▲ 직접 채취한 꿀을 동네 농산물 직판장에서 팔고 있는 어린이.

통 가까이 가도 안전하다. 양봉을 시작하는 데 도움을 줄 전문가가 있으면 아무 문제 없다.

* 벌을 사랑하는 농부를 응원하자

우리가 벌을 도울 수 있는 또 다른 방법은 벌에게 해를 끼치지 않는 방식으로 농사를 짓는 농장의 농산물을 사는 것이다.

대규모로 농사는 짓는 농장에서는 작물에 농약을 뿌려서 해충을 죽이고 잡초를 없앤다. 반면 소규모로 운영하는 유기농 농장에서는 농약을 뿌리는 대신 손으로 직접 과일 나무에 있는 해충을 잡고, 화학 비료 대신 가축의 배설물로 만든 거름을 땅에 뿌린다.

이렇듯 벌에게 해로운 살충제와 화학 비료를 사용하지 않으면 벌은 건강하게 살아갈 수 있다. 그러니 되도록 유기농 농산물을 먹자. 그것만으로도 사라져 가는 벌을 지킬 수 있으니 말이다.

▲ 벌에게 해를 끼치지 않는 방식으로 농사를 지었다는 것을 알리는 로고.

꿀벌이 붕붕

꿀벌 한 마리가 평생 만드는 꿀의 양은 찻숟가락의 12분의 1일 뿐이다. 꿀을 500그램 만들려면, 꿀벌은 200만 송이도 넘는 꽃을 찾아다니고 9만 킬로미터 정도를 이동해야 한다.

이 사실을 알기 전에는 꿀이 얼마나 귀중한 건지 깨닫지 못했다. 하지만 요즘은 꿀을 먹을 때마다 이 꿀을 만들려고 벌들이 얼마나 고생했을지 생각한다. 그리고 자신이 먹을 것을 나에게 나눠 준 벌에게 고마워한다. 그러니 여러분도 사진 속 친구처럼 달콤한 꿀을 병에 채울 때는 흘리지 않도록 조심하길!

더불어 사는 지구 65

사라지는 벌을 지켜라! – 작은 발걸음 큰 변화 ⑦

처음 펴낸 날 2017년 3월 28일 | **여섯 번째 펴낸 날** 2025년 1월 10일
글 메리-엘렌 윌콕스 | **옮김** 현혜진 | **펴낸이** 이은수 | **편집** 오지명 | **북디자인** 원상희
펴낸곳 초록개구리 | **출판등록** 2004년 11월 22일(제300-2004-217호)
주소 서울시 종로구 비봉2길 32, 3동 101호
전화 02-6385-9930 | **팩스** 0303-3443-9930
인스타그램 instagram.com/greenfrog_pub

ISBN 979-11-5782-051-1 74840 | 978-89-956126-1-3(세트)

- 이 도서의 국립중앙도서관 출판시도서목록(CIP)은 서지정보유통지원시스템 홈페이지(http://seoji.nl.go.kr)와
  국가자료공동목록시스템(http://www.nl.go.kr/kolisnet)에서 이용하실 수 있습니다.(CIP제어번호: CIP2017006755)

사진 저작권 목록

p2-3 Adrianam13/Dreamstime.com p6 Christopher Butterfield p7 Forewer/Shutterstock.com p8 Nadine Fiedler/Catlin Gabel School
p11 Rob Cruickshank ; Rob Cruickshank ; Christopher Butterfield p12 Kutsuks/Istock.com p13 Getty Images Bank
p14 Rob Cruickshank p15 Getty Images Bank p16 Atarel/Dreamstime.com p17 Anatolich/Shutterstock.com
p18 Christopher Butterfield p19 Christopher Butterfield p20 Ladislav Vozelj/Dreamstime.com p21 Getty Images Bank
p24 Tunart/Istock.com p25 Trofimov Denis/Shutterstock.com p27 Merrie-Ellen Wilcox p28 Getty Images Bank
p30 Vladimirkim3722/Depositphotos.com p31 Pahham/Istock.com p32 (상)Linda Kloosterhof/Istock.com (하)Mobi68/Dreamstime.com
p33 Daburke/Dreamstime.com p36 Archive.org p37 Vintagegraphics.ohsonifty.com p38 Lehrer/Shutterstock.com
p39 Getty Images Bank p40 Merrie-Ellen Wilcox p41 Wikipedia.com p42 Deb Alperin/Gettyimages.com p44 Hives for Humanity
p45 (상)Nkarol/Dreamstime.com (하)Nadine Fiedler/Catlin Gabel School p46 Getty Images Bank p47 LazingBee/Istock.com
p50 Modfos/Dreamstime.com p51 Getty Images Bank p52 Kriz Partridge/Bee Against Monsanto p53 Gqp/Istock.com
p54 Christopher Butterfield p56 The Fairmont Royal York p58 Philipdyer/Istock.com p60 (상)Hsvrs/Istock.com (하)Mordolff/Istock.com
p62 Merrie-Ellen Wilcox p63 Merrie-Ellen Wilcox